AF371202

DISCOURS

PRONONCÉ

AUX OBSÈQUES DE M. J.-E. PLANCHON

LE 3 AVRIL 1888

suivi

du Discours prononcé à l'ouverture de la séance solennelle

POUR LA DISTRIBUTION DES RÉCOMPENSES

DE L'EXPOSITION D'HORTICULTURE

LE 7 OCTOBRE 1888

PAR

Félix SAHUT

**Vice-Président de la Société d'Horticulture et d'Histoire naturelle
de l'Hérault**

MONTPELLIER

IMPRIMERIE CENTRALE DU MIDI

(HAMELIN FRÈRES)

1889

Nota. — La pagination de ce petit opuscule fait suite à celle du Rapport sur le Manuel de l'acclimateur, qui a été envoyé dernièrement aux amis et correspondants de l'auteur. Cette pagination se continuera également pour les autres brochures de même nature qui pourront être encore publiées successivement. Les personnes, ainsi que les Sociétés savantes, qui reçoivent habituellement les publications de l'auteur, pourront ainsi les réunir d'autant plus facilement que les fascicules seront toujours de même format.

DISCOURS

PRONONCÉ

Par M. Félix SAHUT

VICE-PRÉSIDENT DE LA SOCIÉTÉ D'HORTICULTURE ET D'HISTOIRE
NATURELLE DE L'HÉRAULT

AUX OBSÈQUES DE M. J.-E. PLANCHON

PRÉSIDENT DE LA SOCIÉTÉ

le 8 avril 1888

Je viens, au nom de la Société d'horticulture et d'histoire
naturelle de l'Hérault, exprimer ses regrets unanimes pour la
perte irréparable qu'elle vient de faire en la personne de son
vénéré président, et témoigner de sa reconnaissance pour les
nombreux et importants services qu'il lui a toujours rendus.

Jules-Émile Planchon avait été pour notre Société l'ou-
vrier de la première heure : il avait contribué à sa fondation et
n'avait jamais cessé un seul instant de s'intéresser à son développement, de prendre une part active à ses travaux. Quand
elle fut fondée, en 1860, par quelques amis des plantes, dont
plusieurs, hélas ! — et des meilleurs, — sont déjà descendus
dans la tombe, notre Société à peine naissante avait vu venir
à elle un concours empressé de praticiens et d'amateurs dis-

tingués d'horticulture. Planchon avait contribué à ce résultat pour une très-large part ; aussi fut-il choisi tout d'abord pour occuper l'une des fonctions de vice-président, et, pendant vingt-sept années consécutives, son élection a-t-elle été chaque fois renouvelée. Enfin, en décembre dernier, les suffrages de ses collègues l'avaient élevé à la présidence, dont il était digne à tous égards. C'était là d'ailleurs, et en dehors de son incontestable valeur scientifique, le signe manifeste de l'estime que Planchon avait su inspirer à tous les membres de la Société, autant que le témoignage éclatant de la parfaite aménité de son caractère et de son exquise courtoisie. Ceux qui, pendant cette longue période, l'ont vu constamment à l'œuvre, doivent lui rendre cette justice que son influence bienfaisante a contribué puissamment au développement progressif de l'horticulture en général et du goût des fleurs en particulier, dans toute notre région méridionale.

Des voix plus autorisées que la mienne vous ont déjà dit quels ont été les services éminents que Planchon a rendus à la science. Permettez-moi cependant de rappeler ici quelques-uns de ses travaux botaniques, de ceux qui intéressent plus particulièrement l'horticulture.

Attaché d'abord au Muséum de Kew, dont il avait contribué, quoique fort jeune encore, à classer les riches herbiers, Planchon s'exerça ainsi de bonne heure à la détermination exacte et à la description scientifique des familles, des genres et des espèces de plantes. Doué d'une activité sans égale, mise au service d'un esprit essentiellement méthodique, il sut acquérir promptement les plus vastes connaissances en botanique descriptive, et Louis van Houtte, le célèbre horticulteur de Gand, qui avait su les apprécier, lui confia bientôt la direction de la *Flore des serres et des jardins de l'Europe.* Grâce à la savante impulsion que Planchon sut lui donner, ce recueil devint bientôt l'une des plus intéressantes publications botaniques et horticoles du monde entier, et c'est par centaines, presque par milliers, qu'on peut compter les descriptions de plantes nouvelles qu'il y a successivement publiées.

Nous l'avons vu ensuite enrichir le *Bulletin de la Société botanique de France,* ainsi que les *Annales* de notre Société, d'études aussi savantes qu'intéressantes sur de nombreuses questions d'histoire naturelle, et particulièrement de botanique et d'horticulture ; elles étaient toujours écrites dans ce style attrayant, plein d'élégance dans sa simplicité et dont il possédait supérieurement le secret. Nous devons à sa plume autorisée plusieurs monographies de familles et de genres de plantes, dans lesquelles on admire à chaque page la sûreté des déterminations et la rigoureuse exactitude des descriptions. Plusieurs de ces monographies ont été publiées dans le *Prodromus,* ce recueil incomparable de classification botanique fondé par Pyrame de Candolle, l'un des savants prédécesseurs de Planchon à la Faculté de médecine et à la direction de notre beau Jardin des plantes.

Très-assidu à nos séances, et quoique absorbé par de multiples fonctions, notre regretté président se montrait toujours heureux de se retrouver au milieu de ses collègues de la Société. Nous profitions tous de sa vaste érudition scientifique, qui nous aidait puissamment à élucider les questions mises à l'étude, et sa mort prématurée laissera maintenant un grand vide parmi nous. C'est le partage des âmes d'élite, c'est le privilége des hommes de bien, de laisser des traces ineffaçables de leur passage et un souvenir impérissable chez tous ceux qui les ont connus. Planchon était de ceux-là, et sa mémoire restera profondément gravée dans le cœur de ses nombreux amis, comme un exemple que nous voudrons tous suivre, comme un modèle que, tous aussi, nous chercherons sans cesse à imiter.

DISCOURS

PRONONCÉ

Par M. Félix SAHUT

VICE-PRÉSIDENT DE LA SOCIÉTÉ D'HORTICULTURE ET D'HISTOIRE
NATURELLE DE L'HÉRAULT

à l'ouverture de la séance solennelle

pour

LA DISTRIBUTION DES RÉCOMPENSES

DE L'EXPOSITION HORTICOLE

le 7 octobre 1888

Mesdames, Messieurs,

Ce n'était pas à moi, bien s'en faut, que devait revenir l'honneur de prendre la parole au commencement de cette séance. Mon excellent collègue, M. Pouget, avait infiniment plus de titres que je ne saurais en faire valoir ; mais j'ai dû obéir, quoique à regret, en présence de sa modestie que vous trouverez certainement trop excessive.

D'ailleurs ce n'était ni l'un ni l'autre de vos vice-présidents que nous aurions tous désiré rencontrer encore et retrouver toujours à cette même place. Nous aurions tous aimé entendre aujourd'hui, de même que l'an dernier, la voix si sympatique de M. Planchon, toujours éloquente quand il s'agissait de notre Société, qu'il avait contribué à fonder, toujours persuasive quand il s'adressait à ses collègues, au milieu desquels il aimait tant à se retrouver.

Notre cher et bien-aimé président, dont notre Société continue à porter le deuil, vous aurait dit, avec toute l'autorité qui s'attachait à sa parole, quelles seraient aujourd'hui ses joies et ses espérances. Avec quelle satisfaction n'aurait-il pas constaté une fois de plus les progrès accomplis par l'horticulture dans toute l'étendue de notre beau département ! S'il nous a quittés pour l'éternelle patrie, son souvenir du moins restera vivant au milieu de nous, et vous m'excuserez certainement, si j'ai cru devoir rendre publiquement à sa mémoire cet hommage posthume, mais très-justement mérité.

Maintenant, permettez-moi de vous l'avouer, nous n'étions pas sans inquiétudes, il y a quelques jours à peine, sur le succès de notre Exposition. Nous nous disions, en effet, qu'il avait été quelque peu téméraire de choisir une époque aussi tardive, alors que les fruits ont disparu des vergers et les raisins de nos riches vignobles, alors surtout que les jardins commencent déjà à se dépouiller de leurs plus belles parures de feuilles et de fleurs. Et pourtant, vous avez pu en juger, le résultat a dépassé nos espérances, et nous avons été heureux de voir notre fête horticole si bien réussie, alors que tout semblait vouloir se liguer pour en compromettre le succès.

Vous aurez tous assurément éprouvé une grande satisfaction à contempler ces riches collections de plantes éminemment ornementales, soit par leurs belles feuilles, soit aussi par le coloris si chatoyant de leurs gracieuses corolles, ou encore par la suavité de leurs agréables parfums. Vous avez apprécié également le goût exquis avec lequel nos habiles fleuristes confectionnent les bouquets ainsi que les garnitures, et vous avez pu vous rendre compte, par les lots de légumes exposés, des progrès considérables accomplis par nos horticulteurs maraîchers.

Combien n'avez-vous pas admiré aussi ces pêches si veloutées et ces raisins si appétissants, qui ont dû assurément tenter la convoitise de bien des visiteurs ! Quoique la saison favorable en fût déjà passée, les divers lots fournis par la viticulture nous ont fait penser aux magnifiques vendanges qui viennent de s'effectuer et qui ont tant rempli de joie nos intelligentes populations agricoles. On a vu, en effet, les tombe-

reaux chargés de raisins circuler partout presque comme au-
trefois, et, ce qui est significatif, la plupart des viticulteurs
n'avaient pas assez de futailles pour recevoir leur récolte, tant
celle-ci était abondante.

A ce spectacle consolant, nos braves vignerons ont senti
l'espérance renaître dans leurs cœurs, et maintenant ils en-
visagent l'avenir avec une plus grande confiance. C'est qu'en
effet les résultats acquis démontrent aujourd'hui, d'une façon
irréfutable, le relèvement de notre viticulture si cruellement
éprouvée par le phylloxéra. On ne met plus en doute la pos-
sibilité, maintenant certaine, de la reconstitution de nos vignobles, et chacun sait ici que la culture de la vigne est la
plus précieuse, je dirai même la seule ressource, de notre belle
région méditerranéenne, pourtant si fertile et si brillamment
ensoleillée.

Mais je m'aperçois que je m'attarde à causer avec vous,
alors que je m'étais pourtant promis de ne point vous faire de
discours. Je comprends, en effet, votre impatience d'entendre
l'excellent rapport du jury et d'applaudir aux succès des lau-
réats de notre Exposition. Je n'aurais garde de terminer cependant sans remercier, au nom de tous mes collègues, nos
premières autorités, qui ont accepté avec le plus grand em-
pressement d'honorer de leur présence l'inauguration de l'Exposition ; elles ont donné là, à notre Société, un témoignage
de bienveillante sympathie dont nous leur sommes infiniment
reconnaissants.

Nous devons remercier aussi M. le Ministre de l'agricul-
ture de ses précieux encouragements, et notre Conseil général de la subvention qu'il voudra bien, sans aucun doute, continuer à nous accorder.

Et comment ne serions-nous pas touchés de l'accueil si hos-
pitalier que nous avons toujours trouvé dans l'administration
de ce vaste jardin botanique, dont notre cité a le droit d'être
fière parce que sa réputation est européenne et qu'il est l'un
des plus anciens et des plus beaux que nous possédions en
France ?

Toute notre gratitude est également acquise à l'administration municipale, qui nous a déjà donné des témoignages de

sa bienveillance éclairée et qui voudra bien, sans doute, continuer à encourager nos efforts.

Je dis aussi merci, au nom de toute la Société, d'abord à nos gracieuses dames patronnesses, auxquelles incombait le devoir d'attribuer l'une des principales récompenses ; ensuite à MM. les Membres du jury, dont quelques-uns sont venus de fort loin nous apporter le secours de leur expérience ; puis aux habiles organisateurs de l'Exposition, qui ont été si bien secondés par l'intelligent et laborieux personnel du Jardin des plantes.

Enfin, permettez-moi de me résumer en remerciant collectivement tous ceux qui, de près ou de loin, ont bien voulu offrir leur concours empressé à la mission que s'est donnée notre Société et qu'elle poursuit depuis plus de vingt-huit années.

Je suis certain d'être l'interprète de tous mes collègues, en affirmant que nous sommes tous animés du désir de développer constamment le progrès de l'horticulture dans notre région, de faire accroître partout le goût des fleurs et le perfectionnement des procédés culturaux. Tous, nous attachons la plus grande importance à l'amélioration de la production des fruits et des légumes, qui contribuent pour une si large part à l'alimentation de nos laborieuses populations. C'est là assurément une grande et noble mission, aussi utile qu'essentiellement patriotique, que s'est donnée notre Société d'horticulture et d'histoire naturelle de l'Hérault. Elle ne faillira certainement pas à sa tâche, et permettez-moi, en terminant, d'exprimer le ferme espoir qu'elle sera activement secondée par tous ceux, — ils sont fort nombreux dans notre pays, — qui s'intéressent réellement à la prospérité et à l'avenir de notre belle patrie.

Montpellier, Imprimerie centrale du Midi. — Hamelin Frères.